Die Geschichte vom Großen und Kleinen Ich

Françoise Egli

Das LOL²A-Prinzip

Die Geschichte vom Großen und Kleinen Ich

Eine Erzählung für Erwachsene und für Kinder

Vorwort

Es gibt Sternstunden im Leben eines jeden Menschen. Dies geschieht immer dann, wenn wir auf das Leben hören, wenn wir EINS sind mit dem Leben, wenn wir uns nicht mit der Hilfe unseres Kopfes vom Leben abgespalten haben. In einer solchen Sternstunde im Monat Juni des Jahres 1996 ist der Text zu diesem Buch entstanden. Es geschah in einer einzigen Nacht, vom Montag auf den Dienstag. Es geschah in dem Moment, als meine Frau begriffen hatte, daß sie – und nicht ich – diesen Text schreiben mußte. Nie zuvor hatte sie Texte geschrieben. Aber seit einiger Zeit waren die Zeichnungen da; Zeichnungen, die ebenfalls von einem Tag auf den anderen «aus dem Bauch heraus» geboren wurden. Aber der Text zu den Zeichnungen fehlte; was lag näher als die Idee, daß ich den Text zu diesen Zeichnungen schreiben sollte? Schließlich hatte ich bereits ein Buch und zahlreiche Texte geschrieben.

Mehrmals hatte ich damit begonnen, Texte zu den vorhandenen Zeichnungen zu verfassen, aber nach kurzer Zeit hörte ich jeweils wieder auf damit; irgend etwas stimmte nicht. Die Texte waren einfach Texte; aber sie lebten nicht; sie waren nicht EINS mit den Zeichnungen. Meine Frau war frustriert, weil ich nicht vorwärts machte; ich wartete auf den richtigen Moment. Und der richtige Moment kam – allerdings nicht bei mir, sondern bei meiner Frau. Und innerhalb eines Tages war der ganze Text da. Und ich wußte: das ist genau der richtige Text. So hätte ich das nie schreiben können.

Und wiederum hat ein Apfelbaum (meine Frau) Äpfel (Texte) produziert.* Dies ist immer eine Sternstunde im Leben eines Menschen. Ein Apfelbaum kann nicht anders, als Äpfel zu produzieren. Ein Mensch (Apfelbaum) hat aber die Möglichkeit, Birnen, Kirschen, Trauben etc. zu produzieren. Wenn er das tut, ist er nicht er selbst, kreiert er Konflikte. Einmalig, konkurrenzlos, unverwechselbar ist er aber nur dann, wenn er Äpfel produziert. Hätte ich die Texte zu den vorliegenden Zeichnungen geschrieben, so wäre ich ein Apfelbaum gewesen, der Birnen produziert hätte.

Die hier vorliegende Geschichte vom Großen und Kleinen Ich ist nichts anderes als die Beschreibung des LOLA-Prinzips in Form einer Erzählung. Ich habe das LOLA-Prinzip logisch und rational beschrieben; dies ist vorteilhaft für alle jene Menschen, die einen bestimmten Sachverhalt auf logisch-rationale Art angehen wollen. Nun gibt es aber auch Menschen, welche die Dinge rein intuitiv begreifen; für diese Menschen ist der

---

* In den LOLA-Impulsen wurde die fundamentale Frage gestellt
– und beantwortet –, weshalb ein Apfelbaum Äpfel produziert.
Wenn die Unternehmen das wüßten, hätten sie keine Konkurrenz.
Wenn die Arbeitslosen das wüßten, wären sie nicht arbeitslos.
Wenn die Erfolglosen das wüßten, wären sie nicht erfolglos.
Wenn die Unglücklichen das wüßten, wären sie nicht unglücklich.

logisch-rationale Zugang zum LOLA-Prinzip nicht geeignet. Für diese Menschen eröffnet die Geschichte vom Großen und Kleinen Ich einen besseren Zugang zum LOLA-Prinzip. Es ist der direkte intuitive Weg zum LOLA-Prinzip.

Keiner dieser zwei Annäherungsversuche an das Leben ist besser als der andere; beide sind wichtig, beide ergänzen sich. Genauso wie sich Mann und Frau, das weibliche und das männliche Prinzip, ergänzen.

Mit der Geburt der Geschichte vom Großen und Kleinen Ich ist bezüglich der Beschreibung des LOLA-Prinzips die Einheit hergestellt: Ratio und Intuition; Mann und Frau. Die Dualität – wie vom LOLA-Prinzip gefordert – ist überwunden.

Die Geschichte vom Großen und Kleinen Ich hat mich tief betroffen gemacht, weil hier mit wenig Strichen und Sätzen das ganze Elend und die ganze Freude der Menschen dargestellt sind. Wie einfach das Leben doch sein könnte.

Ebenfalls betroffen bin ich immer wieder, wenn ich feststellen muß, wieviele Menschen das LOLA-Prinzip ganz anders verstehen als meine Frau und ich es gedacht haben. Dann wird mir immer wieder bewußt, wie begrenzt, wie mißverständlich unsere Sprache ist. Eigentlich versuche ich etwas zu tun, was gar nicht möglich ist: mit der begrenzten Sprache versuche ich, das unbegrenzte Leben zu beschreiben. Das ist problematisch; aber ich kann es nicht anders.

Vielleicht helfen die hier vorliegenden Zeichnungen mit den begleitenden Texten (nicht die Zeichnungen begleiten den Text, der Text begleitet die Zeichnungen) einigen Menschen, das LOLA-Prinzip besser zu verstehen. Vielleicht gelingt es damit einigen Menschen, ihr Leben in ein Märchen zu verwandeln. Ich wünsche es Ihnen.

René Egli

Danksagung

Ich bedanke mich bei «meinem» Großen Ich, das es nach einer Nacht der Geduld geschafft hat, mein Kleines Ich zu überzeugen, diese Geschichte zu schreiben.

Und ich bedanke mich bei allen Kleinen Ichs, die um mich herum leben.

Françoise Egli
August 1996

*E*s waren einmal zwei Freunde,
das Kleine und das Große Ich.

Sie waren immer zusammen,
von frühmorgens bis spätabends, am Tag und in der Nacht.
Niemandem war es je gelungen, sie zu trennen.

Sie fühlten sich glücklich miteinander und spielten,
sprangen umher und freuten sich des Lebens in
vollkommener Harmonie und Eintracht.
Sie liebten einander und wurden geliebt.

Sie befanden sich im Paradies, in vollkommener Einheit,
verbunden durch ein unsichtbares Band.

Das Große Ich war der Weisere von beiden, es verfügte über ein großes Wissen über alles, vom ganzen Universum, und das Kleine Ich liebte es, den Geschichten des Großen Ichs zu lauschen.

Eines Tages aber hatte das Kleine Ich genug der weisen Ratschläge seines Freundes.
Es hatte Lust zu hören, was anderswo in der Welt erzählt wurde.
Es hatte gehört, daß es eine Welt voller Überraschungen gebe, voller Schmerz und Unglück, und es fragte sich, wie diese Welt wohl ausschauen mochte.

Eines frühen Morgens,
ohne seinem Freund, dem Großen Ich, ein Wort zu
sagen, brach das Kleine Ich zum großen Abenteuer auf.

Und das GROSSE ABENTEUER begann.

Das Kleine Ich verlor sogleich einen großen Teil seines Augenlichts.
Es sah nicht mehr das wunderbare und warme Licht, das bis anhin sein Wesen gewärmt hatte, stattdessen machte es die Erfahrung der geheimnisvollen Finsternis.

Halb erblindet lief das Kleine Ich lange lange Zeit.
Zu Beginn war es von dieser Entdeckungsreise in der
Welt des Schmerzes fasziniert.

Es traf auf andere Kleine Ichs, die so waren wie es,
und während Stunden und Stunden erfanden sie
gemeinsam neue Welten, kritisierend, urteilend,
vergleichend.

Sie nahmen sich äußerst ernst,
und aufgeblasen von einem Gefühl der Wichtigkeit
schliefen sie ein, im Glauben, daß sich hier das Glück
befände.

Zu Beginn hatte das Kleine Ich noch das Gefühl, mit seinem Freund, dem Großen Ich, in Kontakt zu stehen.
Es meinte abends und manchmal auch tagsüber dessen Stimme von fern her zu vernehmen. Aber je mehr es mit den anderen Kleinen Ichs zusammen war, desto mehr empfand es diese freundschaftliche Stimme als störend.
Sie suggerierte ihm seltsame Dinge, die in völligem Gegensatz zu dem standen, was es machen wollte.

Und so kam es, daß sich das Kleine Ich immer weiter von seinem Freund, dem Großen Ich, entfernte.

Seine Sicht verschlechterte sich immer mehr, so daß es schlußendlich blind wurde. Und gerade es, das immer den Duft der Freude geatmet hatte, das immer Fröhlichkeit gewesen war, das sich nie mit irgendwelchen Fragen rumgeplagt hatte, fing tatsächlich an, sich Sorgen zu machen:
Wo mochte bloß sein Weg in dieser Finsternis sein?

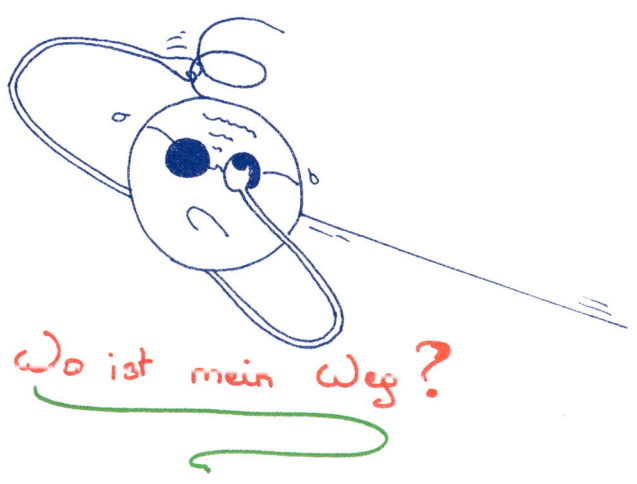

Es begann, Emotionen zu verspüren:
Angst – Unsicherheit – Freude von kurzer Dauer.
Es dachte:
Wenn ich Diplome habe …
Wenn ich Geld habe …
Wenn ich eine Familie habe …
Wenn ich … wenn ich … und so erschuf es sich viele Wünsche, die alle äußerst schwierig zu verwirklichen waren in dieser vollkommenen Dunkelheit, die es umgab.

Es erhielt Diplome.
Es klammerte sich an seine Diplome,
aber es war nicht glücklich, denn da waren andere,
die hatten noch die viel besseren Diplome.

Es erhielt Geld.
Es klammerte sich an sein Geld,
aber es war nicht glücklich, denn da waren andere,
die hatten noch viel mehr Geld.

Als es reich war, hatte es viele Freunde, als es arm war, verlor es sie alle, und es verstand, daß es keine Freunde gewesen waren.

Es führte ein wichtiges gesellschaftliches Leben, aber es rannte der Zeit nach und fürchtete sich schließlich, nicht mehr genügend Zeit zu haben.

Es trauerte der Vergangenheit nach,
es hatte Angst vor der Zukunft.

Es verurteilte sich, beschuldigte sich.
Es wurde von allen Seiten angegriffen:
Von seinen Liebsten, von seinen Freunden, …
Es wollte sich verteidigen, sich rechtfertigen,
so kam es, daß das Kleine Ich in den Krieg zog.

Es wollte überall als gut gelten,
es wollte sich für gute Zwecke einsetzen,
es wollte den Unterdrückten helfen,
es wollte gegen diese ungerechte Welt ankämpfen.

Das Kleine Ich gewann manche Schlacht,
doch eines Tages stellte sich ihm ein
stärkerer Gegner in den Weg.

Es wurde krank, sogar sehr krank,
und spürte den Tod an seiner Seite.

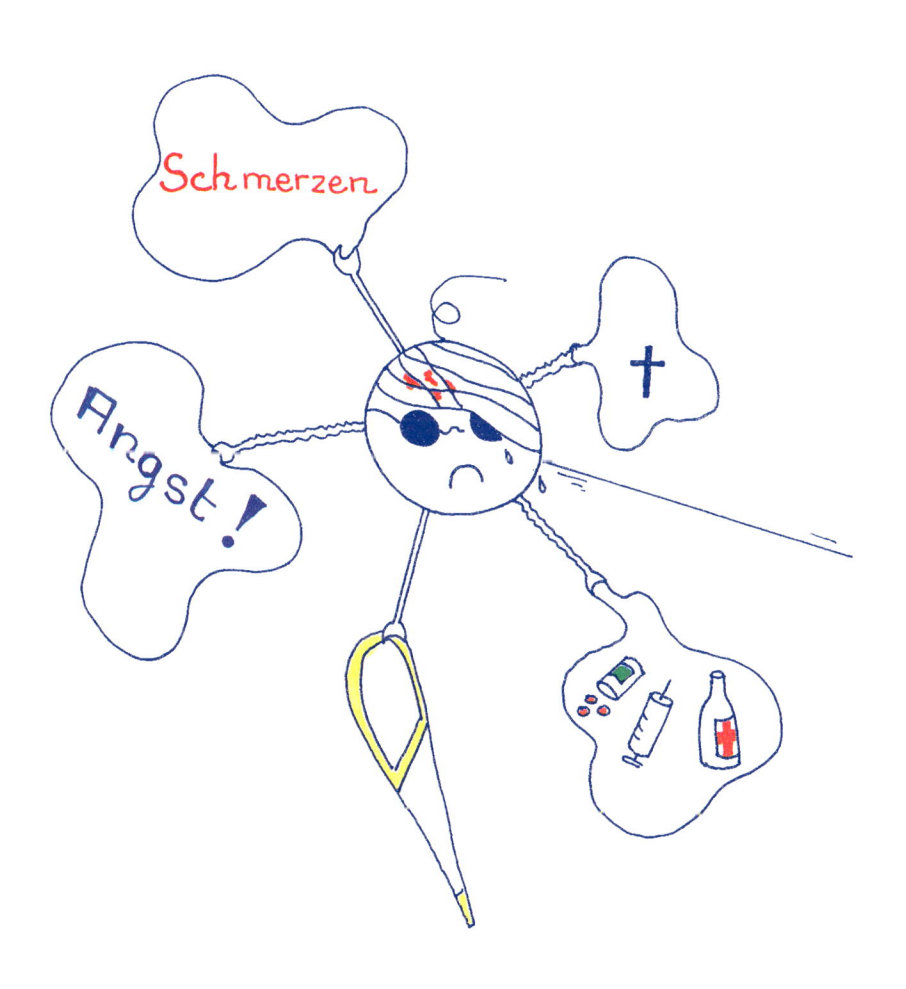

Erschöpft und erschreckt von all der Finsternis, die es umgab, von dieser Leere, in der es sich befand, begann das Kleine Ich zu weinen.

Es weinte lange – eine Stunde – einen Tag – ein Jahrhundert – das weiß niemand genau. Es weinte, ohne als etwas anderes erscheinen zu wollen, das es gar nicht war. In diesem Augenblick war es bloß es selbst, denn es akzeptierte seine Schwäche…

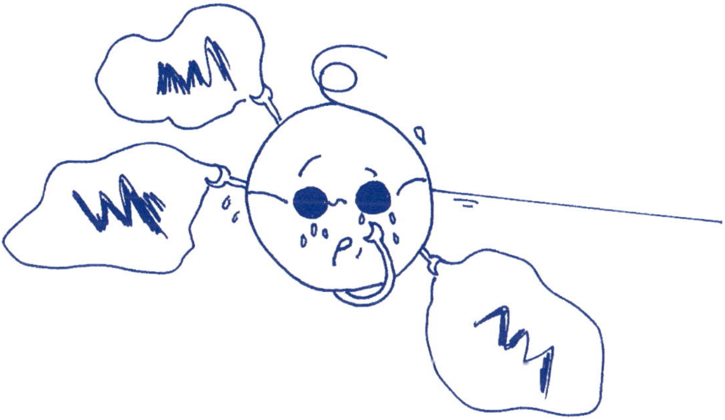

Da spürte es eine Wärme in sich aufsteigen.
Es fühlte sich von einer schützenden Hülle umgeben,
und nun hörte es eine Stimme, eine leise Stimme,
eine Stimme wundervoll klar, lachend
und voller Hoffnung, und es erkannte in dieser
Stimme seinen Freund, das Große Ich.

„Guten Tag, Kleines Ich"

*N*iemals war das Große Ich von der Seite seines geliebten Kleinen Ichs gewichen, doch in seiner großen Weisheit hatte es das Kleine Ich nicht daran gehindert, seine Erfahrungen mit der Welt zu machen. Erfahrungen, die notwendig waren, damit das Kleine Ich verstand, wo sein richtiger Weg lag.

Das Kleine Ich war höchst erstaunt, seinen Freund zu hören, den es auf ewig verloren geglaubt hatte.
So sprach das Große Ich zu ihm:
Ich liebe dich, glaubst du, daß man diejenigen, die man liebt, verläßt?

𝒟ank deiner Erfahrungen hast du die Angst, die Unsicherheit, die Leere kennengelernt, aber wenn du dich auf die Wärme der Liebe, die in dir wie auch in jedem anderen Kleinen Ich steckt, konzentriert hättest, hättest du keine Angst mehr gehabt, hättest du keine Furcht vor der Leere verspüren müssen.

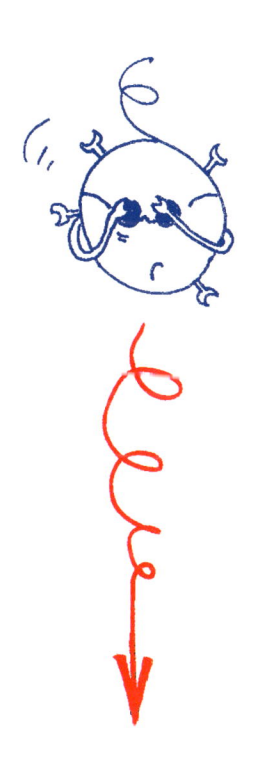

Mein armes Kleines Ich, du scheinst ziemlich traurig und enttäuscht von deinem Abenteuer im Land der Dualität zu sein.

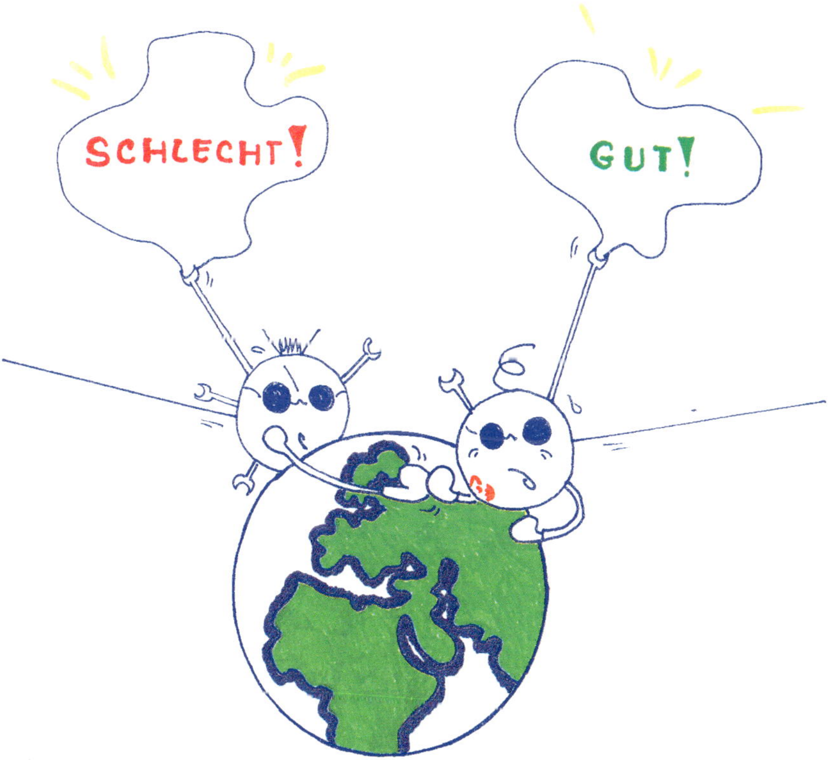
SCHLECHT!
GUT!

Oh, mein Großes Ich. Dich wieder zu hören wärmt mein Herz.
Ich glaubte schon, für immer allein in dieser Welt der Korruption, der Lügen und des Streites zu sein.

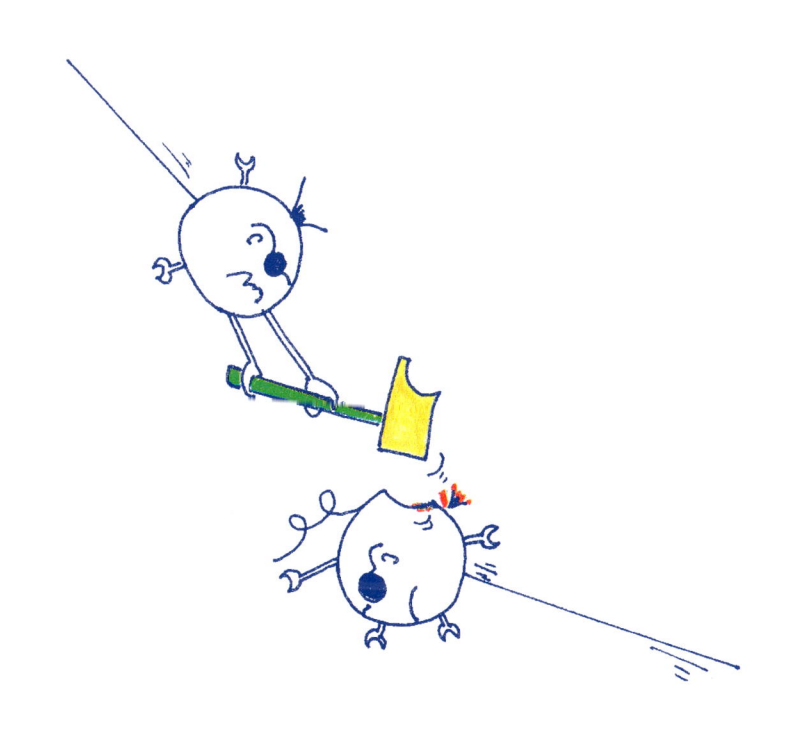

Kleines Ich, du allein wolltest diese Erfahrungen leben, denn niemand anders als du hast über dein Leben entschieden.
Hör auf zu urteilen, zu kritisieren; das führt dich nirgendwo hin.
Du allein bist für deine Situation verantwortlich.

Oh! Ich bin für mein Leben verantwortlich.

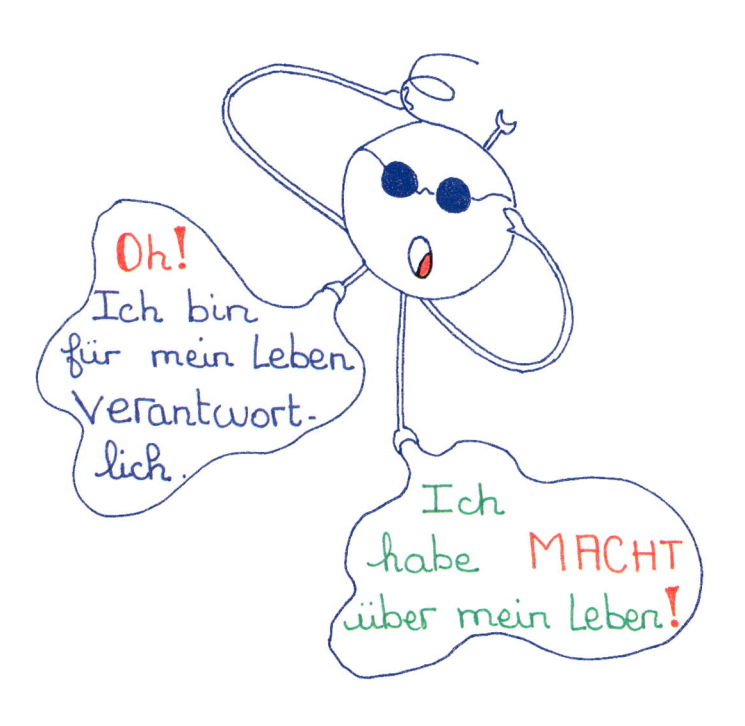

Ich habe MACHT über mein Leben!

Aber bedaure nichts,
wisse nur, daß was du auch immer getan hast, ich habe dich immer geliebt und beschützt.
Kleines Ich, ich liebe dich mit einer urteilslosen Liebe, mit einer Liebe, die keine Grenzen kennt.

Oftmals hast du dich in Unsicherheit geglaubt.
Du bist aber immer in Sicherheit. Es genügt, daß du
mit mir lebst – jeden Augenblick deines Lebens.
Als du mich nicht mehr anhören wolltest,
als du dich von mir getrennt hast,
haben deine Probleme begonnen.

Kehre zu deiner Einheit zurück, Kleines Ich,
denn dort befindet sich die Lösung für all deine
Probleme!

Einheit

Habe Vertrauen in mich.
Du nennst mich Großes Ich, denn ich bin die
universelle Intelligenz, die mit allem in Kontakt steht.

Vertrauen in das LEBEN!

Du hast geglaubt, mit deinem Kopf erschaffen zu können.
Wisse, daß der Kopf nichts erschafft, da ja alles schon da ist.
Es reicht, wenn du mit dem Leben gehst, ohne Gewalt, ohne Gegenwehr, dann wird dir alles, was für dich gut ist, gegeben werden.

Doch dazu mußt du mir vertrauen.
Du hast dich für ziemlich intelligent gehalten mit deinem Kopf.
In Tat und Wahrheit hast du dir jedoch nur Probleme geschaffen.

*I*ch habe dich in einen Kampf gegen dich selbst aufbrechen sehen.
Ich habe dich in alle Richtungen rennen sehen auf der Suche nach dir selbst.
Ich habe gesehen, wie du dich verurteilt, kritisiert hast.
Ich habe dich vor Angst zittern sehen.
Oft habe ich versucht, auf mich aufmerksam zu machen, aber du warst zu beschäftigt, um mich zu hören.
Du hast viel unnötigen Lärm gemacht, weißt du!

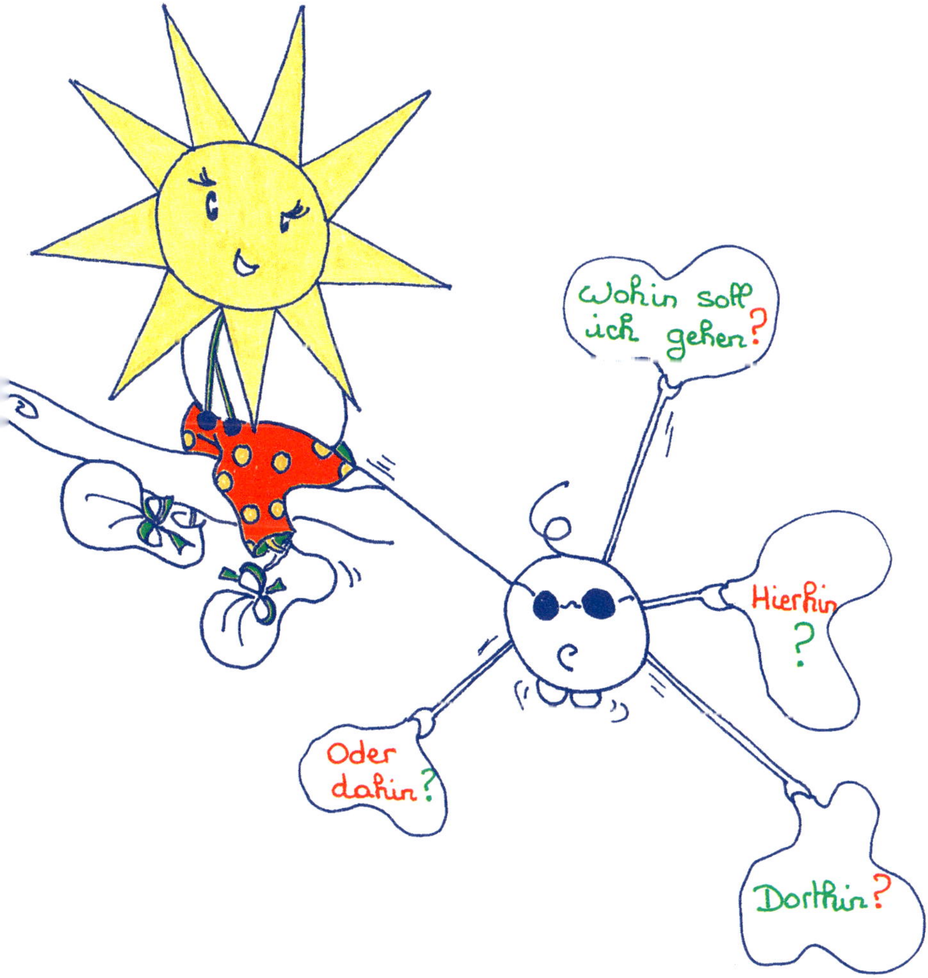
Wohin soll ich gehen?
Hierhin?
Oder dahin?
Dorthin?

So habe ich halt gewartet, was willst du,
ich habe eben viel Geduld.
Das Leben ist lang, ich habe alle Zeit, du übrigens auch,
das weißt du doch, nicht wahr?

Komm mit mir, ich werde dir zeigen,
wie faszinierend das Leben ist.
Wisse, daß dich deine Emotionen immer weiter vom Leben weg entfernen.
Sie hindern dich daran, das einzig wahre Gefühl zu leben:
Die Liebe gegenüber allem.

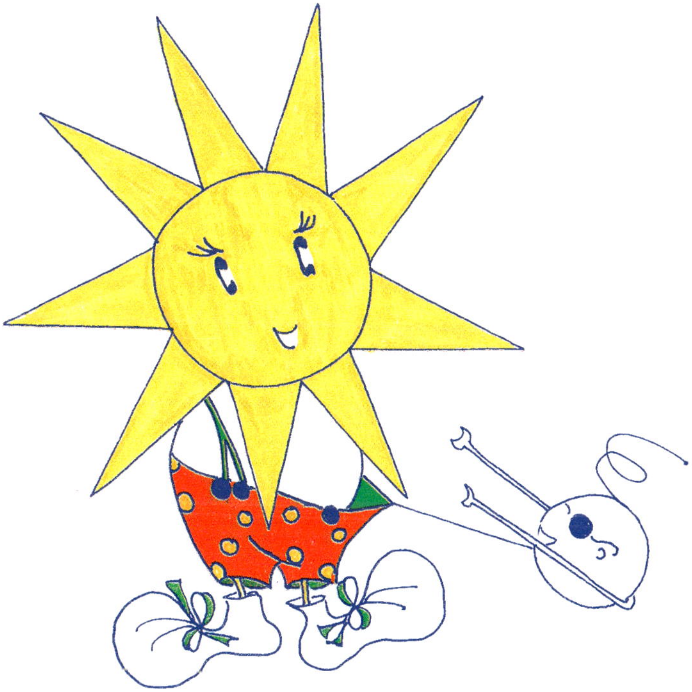

Mein Kleines Ich, das Leben ist einfach.
Es genügt, daß du dem Leben für alles dankst.
Du hast immer außerhalb von dir nach Antworten
gesucht, dabei kommt doch alles von innen.

Alles kommt von innen.

Dein Mangel an Vertrauen bewirkt alle deine Probleme.
Warum kannst du nicht mehr spüren, daß das Leben, das wahre Leben, dir nur Gutes will?

Alles was du getan hast, hat dich von deiner
Quelle entfernt – dem Leben.
Du hast dich krampfhaft an allem festgehalten, was
sich bewegt.
Laß los!

Du hast dir eine Welt der Illusionen erschaffen.
Das, was du Leben nennst, hat nichts mit DEM LEBEN zu tun.
Verstehst du?

75

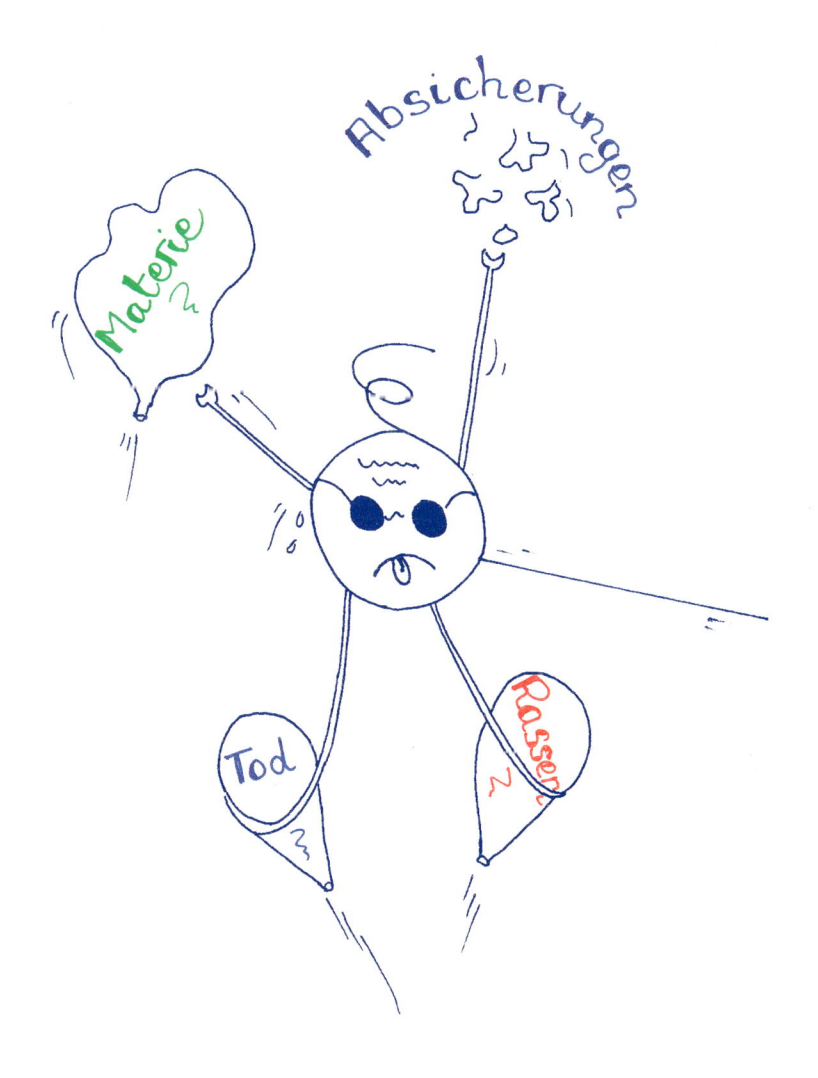

Je weiter du dich von deiner Quelle entfernt hast, desto mehr hast du meine Hosenträger gespannt.
Und je mehr du an ihnen gerissen hast, um dich an irgendwelchen Illusionen festzuhalten anstatt zu leben, desto dünner sind sie geworden.
Und wenn du weiterhin an ihnen ziehen würdest, würden sie reißen, und das wäre dann das, was du Tod nennst!

𝓔s genügt, deine Illusionen loszulassen,
und die Hosenträger werden dich, ähnlich wie eine Feder,
an den Ort deiner Quelle zurückbringen.
Dorthin, wo das Vertrauen herrscht, die Sicherheit,
die totale Kommunikation mit allem.
Ist das nicht wunderbar?

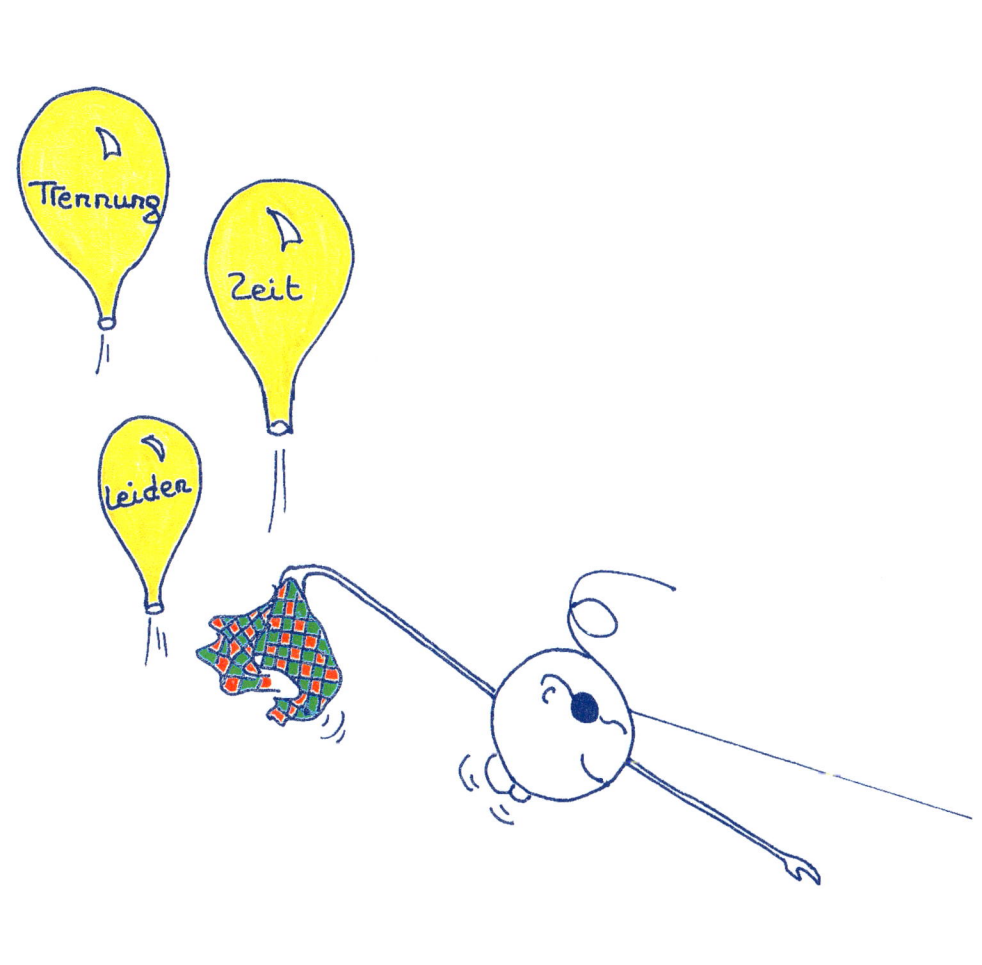

Los, komm mit!
Steig auf meine Schultern, wie du es früher so gerne tatest, als du noch im Paradies warst, und ich werde dich führen.
Du brauchst es nur zu wollen, und du bist wieder dort.
Ich bin da, ich warte auf dich, habe Vertrauen, das Paradies ist da –
HIER und JETZT.

Ich gehe mit HIER & JETZT dem LEBEN!

Das Kleine Ich spürte im tiefsten Inneren, daß sein Freund die Wahrheit sprach.

Wahrheit

Es hatte geglaubt, daß man auf dieser Welt besitzen müsse,
daß man um jeden Preis jemand sein müsse,
daß man sein Leben im Schweiße seines Angesichtes verdienen müsse …
Und so hatte es alles verloren.
Es verstand nun, daß all dies
es außer sich gebracht hatte. Es hatte sich im Außenraum verloren.

Wie einfach ihm dieser Weg doch vorkam: Leben, ohne sich Fragen zu stellen, einfach nur im Vertrauen, in der Wärme seines Großen Ichs.

Hurra! Das Leben ist einfach!

So sprang es kurzerhand in den Rucksack des Großen Ichs und ging leichten Herzens leben, ohne all dies zu bedauern, was es durchgemacht hatte, und was es zurückließ, einfach nur dem Jetzt vertrauend mit dem Wissen, daß sich dort **sein Glück** befindet.

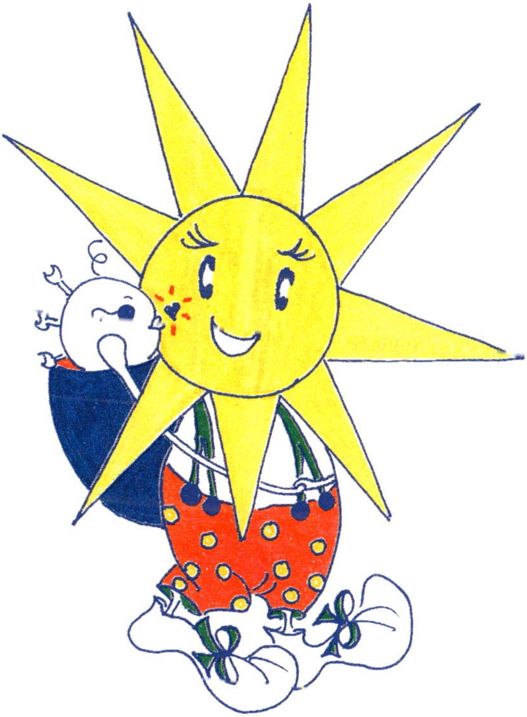

Ihr Kleine Ichs,
Ihr alle habt ein Großes Ich,
doch jedesmal, wenn Ihr Euch und anderen gegenüber
einen lieblosen Gedanken aussendet, entfernt Ihr Euch
von Eurem Großen Ich.

Nur ein einziger Gedanke der Liebe
und Ihr findet Euren Freund, das Große Ich, wieder.

Das Gesamtangebot der Editions d'Olt

Das neue Buch

Illusion oder Realität?
Die praktische Umsetzung des
LOL^{2}A-Prinzips
236 Seiten, 100 Zeichnungen,
4-farbig.
Bildbandformat.
ISBN 3-905586-06-1

Das Buch, welches die Basis bildet:
Das LOL^{2}A-Prinzip –
Die Vollkommenheit der Welt
ISBN 3-9520606-0-7

Das LOL^{2}A-Prinzip für Fortgeschrittene:
Die Geschichte vom Großen und
Kleinen Ich
ISBN 3-9520606-4-X
Ein Buch für Erwachsene und Kinder.
Mit einem märchenhaften Text und
märchenhaften Zeichnungen, die Ihre Seele
zum Singen bringen werden.

Das LOL^{2}A-Prinzip:
Die Formel für Reichtum
ISBN 3-9520606-3-1

Die LOL²A-Karten.
Zeichnungen und Texte zum
LOL²A-Prinzip für Mitteilungen
an Bekannte und Unbekannte.
7 verschiedene Motive
mit Umschlag in Plastikhülle.
ISBN 3-9520606-5-8

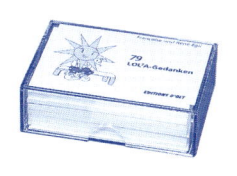

79 LOLA-Gedanken
79 Kärtchen im Format 8,5×5,5 cm
in einer Acrylbox
ISBN 3-905586-05-3

Die LOL²A-Puppe.
Das Große und Kleine Ich in Form einer Puppe. Am Beispiel dieser Puppe sieht man sehr schön, wie wir uns vom Leben trennen und wie wir wieder zurück zum Leben gelangen.

AUDIO-Kassette «LOL²A-Dialog 1»
Ein 40minütiges Interview von Robert
Bullinger mit René Egli, dem Autor des
LOL²A-Prinzips.
ISBN 3-9520606-1-5

AUDIO-Kassette «LOL^{2}A-Dialog 2»
Live-Mitschnitt des LOLA-Workshops
«Reichtum und Geld» 1997 in München.
ISBN 3-905586-02-9

AUDIO-Kassette «LOL^{2}A-Dialog 3»
Live-Mitschnitt des LOLA-Workshops
«Beziehungen» 1998 in München.
ISBN 3-905586-03-7

AUDIO-Kassette oder CD «LOLA-Dialog 4».
Die vorliegende «Geschichte vom Großen und
Kleinen Ich» als Hörbuch.
ISBN 3-905586-07-X

Alle Audiokassetten sind in Hochdeutsch gesprochen.

Internet: lola-prinzip.ch
                     lola-prinzip.de

Die LOL^{2}A-Impulse sind ein Informationsbrief, der alle
2 Monate erscheint.
Die LOL^{2}A-Impulse können abonniert werden.

Die Café-Boutique LOLA
Hier können Sie während den Öffnungszeiten mit René Egli oder
seiner Frau Françoise sprechen. Die Adresse lautet:
Fahrweidstr. 52, CH-8951 Fahrweid (bei Dietikon/Zürich)

Originaltext auf französisch.
Ins Deutsche übersetzt von Olivier Egli.

6. Auflage Januar 2002

ISBN 3-9520606-4-X
© 1996 by René Egli
Editions d'Olt
Rainstr. 21
CH-8955 Oetwil a.d.L.

Alle Rechte der Verbreitung, auch durch Funk, Fernsehen, fotomechanische Wiedergabe, Tonträger jeder Art und auszugsweisen Nachdruck, sind ausdrücklich vorbehalten.

Das LOLA-Prinzip ist ein eingetragenes Markenzeichen des Institut für Erfolgsimpulse, Oetwil a.d.L.